마음이
　하도
좋아서

이의해 시집

마음이 하도 좋아서

한강

시인의 말

떨어지고 있다 서서히
걸어 본다 서원으로 가는 길을
점빵의 문은 닫히고
따끈한 볕은 시들고 있다.

번져 온다 붉은빛
내가 서 있는 곳을 지나
희미해지는 선, 나무의 그림자가
떨어진 꽃을 어루만진다.

곧 달라질 바람에

표나지 않게 바뀔 거라는 준비가
피고 지고
피고 지고
그렇게 백일, 여물어 간다.

시 쓰는 마음이 행복해서 시를 쓴다.

                      2025년 10월 홍부네 꽃방에서
                                현민 이의해

이의해 시집 마음이 하도 좋아서

□ 시인의 말

제1부 사람과 사람 사이

꽃 피면 꽃 영양제를 맞는다 ── 13
햇볕은 그리움처럼 내려앉고 ── 14
사람과 사람 사이 ── 15
꽃과 커피 ── 16
네가 그리운 날 ── 17
나이가 아름다운 이유 ── 18
대문 ── 20
양귀비연 ── 21
여섯 살이 뭘 안다고 ── 22
붓꽃만 붓이냐 ── 24
장미석 ── 25
산수유가 있는 바닷가 놀이터에 ── 26
빨간 신호, 대기하는 사이 ── 27
쓸쓸한 아름다움에 대하여 ── 28
컵 ── 29
이빨 요정 ── 30
국수, 따뜻한 이야기 ── 31
갯씀바귀 꽃 ── 32

마음이 하도 좋아서   이의해 시집

33 ──── 시, 버려졌던 시간에
34 ──── 영진 해변에서

제2부 마음이 하도 좋아서

37 ──── 꽃빛 되어 콩국수를 먹는다
38 ──── 무제
39 ──── 지황 꽃 살짝 엿보다가
40 ──── 안목 해변에서 너와 내가
41 ──── 비가 와서
42 ──── 손금, 꽃으로 색을 입혔으니
43 ──── 그래 감자
44 ──── 어느 예쁜 날에
45 ──── 무꽃, 너를 잊고 있는 동안에
46 ──── 양파에게
47 ──── 우리 사이가 씻기는 밤
48 ──── 가지 하나 꺾어 마음에 꽂았다
49 ──── 환기를 시키다
50 ──── 마음이 하도 좋아서
51 ──── 평화로운 일상

꽃의 시간으로 —— 52
오대산, 노인봉 가는 길 —— 53
선물 —— 54
보일러가 고장 났다 —— 55
햇살이 색을 입히는 오후 —— 56
꽃치자 —— 57

제3부 시시콜콜

노을 —— 61
길이라고 다 같은 길이 아니듯이 —— 62
그때, 순간을 들었다 —— 63
요즘은 —— 64
선재길 —— 65
비 오는 날 사진 찍다가 —— 66
어느새 이렇게 —— 67
망상 해변에서 가을을 만나다 —— 68
산 아래 남한강은 흐르고 —— 69
시시콜콜 —— 70
우리가 서로를 모를 때 —— 71

마음이 하도 좋아서　　　　　　　이의해 시집

72 ─── 해운대에서
73 ─── 취미를 찾고 있습니다
74 ─── 상념의 시간이 지나고
75 ─── 깻잎지
76 ─── 핸드폰을 바꾸다
77 ─── 바다로 가득하여
78 ─── 왕꽃기린
79 ─── 내가 알아줄게
80 ─── 엄마가 사는 집에 가고 싶다
81 ─── 톱풀

제4부 카페, 우호적 무관심

85 ─── 새싹
86 ─── 어쩌다가 집에 있는 날에는
87 ─── 별빛마을에 사는 별
88 ─── 오후의 풍경
89 ─── 가을 타나 봐요
90 ─── 우산을 펴지 않는다
91 ─── 딸, 하나의 계절

이의해 시집 | 마음이 하도 좋아서
차 례

레시피처럼 ──── 92
꽃밭의 경계 ──── 93
겨울 지나 봄을 복용하다 ──── 94
가면 되지 ──── 96
잠 못 자는 나에게 ──── 97
가을이라서 좋다 ──── 98
마음의 빈터 ──── 99
바람 바람 ────100
백련사, 붉은 꽃길에서 ────101
카페, 우호적 무관심 ────102
떨어지는 소리 ────104
이제 알겠네 ────105
아득한 곳에서부터 ────106
집착 ────107
가시 ────108

□ 해설_기청

제1부 사람과 사람 사이

꽃 피면 꽃 영양제를 맞는다

화단에 꽃들이 쉬는 법이 없다
이미 피었다가 진, 앞으로 필 꽃들 사이에

꽃잎 겹겹 마리골드가 피었다
색색 채송화가 피었다
분홍 사프란, 초화화 작은 꽃잎이
밤사이 그렇게 하자고 약속이나 한 것처럼
늦잠을 자고 나온 날
와르르 피었다

바람 부는 언덕의 풀처럼 눕는다
꽃잎마다 성분이 다른 영양제가
세포마다 꽂힌다 지금
꽃 영양제 수액 중이다

햇볕은 그리움처럼 내려앉고

오래되어 보이는 기와집
오랜만에 사람 기척 느끼는 그 집 마당에
꽃송이 같은 상추, 길게 한 골 심은 감자와
앵두나무에 잘 익은 앵두
손 닿지 못한 쑥갓은 꽃대가 되어
노랗게, 노랗게 피었다

엄마가 없는 텃밭에 마치 엄마가 있는 것처럼
투박한 손으로 잘 가꾸어 놓은 텃밭에서
상추를 갈리고 익은 앵두를 따고
나누어 주지 않은 너의 마음을
얻어 내는 것 같다

저기, 그늘을 크게 만드는
버드나무 아래 개집이 보였다
거기에는 나무가 집을 지키고
그 집은 텃밭 식구들이 집을 지키는데
말똥거리는 팬지꽃 손 흔드는
주인이 언제 돌아올지 모르는 텃밭,
다 잘 있더라

사람과 사람 사이

글자와 글자 사이 바람이 지나다녀서
다닥다닥붙여놓았더니답답하다

사람과 사람 사이 거리가 멀어져서
다닥다닥붙였더니밀어내고밀어내고

꽃
나무
사람 사이
드나드는 것이 있어야
조금은 그립고 궁금해서
사이사이를 지나 행간에서 바라보게 된다

꽃과 커피

한쪽 다리를 삐거덕거리며
걸어오는 한 남자
푸석한 겨울로 접어들었을 나이가
초라할 법도 한데
행색이 무색할 정도로 가슴에 기대어 있는
한 다발의 칸나와 백일홍

꽃이 어디에 도착할지 궁금해서 물었다
―그 꽃 누구 줄 거예요?

꽃은 어느 카페 탁자에
환하게 놓일 것이고 대신
공짜 커피를 마실 수 있다는
그윽한 눈빛이
시를 써 놓은들 이토록 애틋할까

그의 등 뒤로 꽃말처럼
행복한 수다, 아름다운 종말이
하얀 메밀 꽃구름으로 흩어지고 있다

네가 그리운 날

청전동 우체국 앞
신호를 기다리다 보면
함박 웃는 목련이 봄의 깊이를
알려 주곤 했다
당연히 있어야 할 목련이
꽃 소식이 전해 오는 지금쯤 피어나야 하는데
365일 코너가 그 자리를 차지하고 있다
부스 안 현금 지급기에서
목련의 꽃잎으로 추정되는 현금을 든
기쁜 손들이 팔랑거린다
더러는 꽃잎을 가방에 넣거나
들고 나오는데, 신호등 앞
하얗게 웃던 그 봄의 목련이 파란불로 켜진다

나이가 아름다운 이유

남자가 웃으며 말을 건넨다
하얀 표지로 싼 책을 읽던 여자가
남자의 얼굴로 시선을 옮겨 웃는다

돋보기 없이 책을 읽는
여자의 눈처럼 빛나는
백발인 남자가
초록 표지로 싼 책을 꺼내 읽는다

황혼의 연인일지도 모를,
어떤 사이든 중요하지 않다
나란히 앉아 귀히 곱게 싼 책을 읽고, 읽다가
고개 들어 부드러운 미소로 서로를 읽어 주는
무겁지도 가볍지도 않은 따스한 공기가

수많은 캐리어가 굴러가고
각 나라의 향기가 섞인 홍콩, 공항 대기실
느리게 쓰여지고 있는 그들의,
그들만의 여행 아름다운 틈으로

넣어 간 책 꺼내지 않아도
몇 페이지 족히 읽었다

대문

골목은
녹이 슬어 색을 잃었다
골다공증처럼 난 구멍에는
실바람 드나들고
이슬 맺힌 녹물이
홍조가 되는 아침이면
한 뼘씩 자라 꽃을 피우고
또
한 뼘씩 매달리는
여자의 문
닫혀 스러져도,
두 줄기 나팔꽃 번갈아 피는
좁은 골목의 풍경

양귀비연

잎,
잎 위에 별이
똑 똑 떨어져 꽃이 되는
그
끝에 나도
꽃으로 피면 안 되나

한 번쯤은
천연덕스럽게 고요히
뻗어 가는
잎
위에
별꽃으로 피면 안 되나

여섯 살이 뭘 안다고

이른 벚꽃을 보여 주기 위해
경포호수로 가는데 잘도 조잘거린다
턱밑에 꽃받침을 만든 두 손이 까불까불
"할머니 저가 개나리 모습이지요."
"저가 봄이지요."
"그렇지 네가 봄이지 개나리 모습이지."

자전거를 태우고 호수를 한 바퀴 도는데
"할머니 꽃이 너무 많아요."
"여기 세워 봐요."
쪼르르 뛰어가 꽃을 쳐다보고
나무를 만지고 끌어안고 하더니
"할머니 꽃한테 사랑에 빠질 것 같아요."
"꽃이 너무 좋아요."

흐드러진 벚꽃만큼 하얗게 피어나는 봄
너무 행복해서 눈물 나게 하는 봄,
"할머니 여기 또 와요."
"오늘 행복했어요."

좋아하는 아이를 보면서 벚꽃이 또 피면
오늘을 두고두고 꺼내 볼 수 있는
추억이 많은 아이로 만들어 주고 싶다

붓꽃만 붓이냐

빼어난 붓꽃만 붓이냐
꽃이라고 이름 붙여진 꽃의 팔할이
투박하고 뭉툭한 붓이다

꽃들의 망울들은
하나같이 할 말이 있는 것이다

그 속내 견딘 시간만큼
결 고운 빛깔로 겨울 지나와
붉디붉게 동백이나
봄빛 연한 매화로
동글, 뭉툭하게 솔질을 하는 꽃들이다

붓꽃만 붓이냐고,

장미석石

강을 건너오는 불긋한 풍경이
창가에 걸렸다

오후의 얇은 햇살이 지워지고
흰 가로등꽃 줄지어 함박하게 피도록
성북동 비둘기와
물지게를 지고 물을 날랐다는
시인의 유년은 아련한 시가 되어
다 마신 커피잔에 가득 채워졌다

잔잔한 시간을 퍼 올리는 일과
특별하게 담기는 것은
서로의 가슴에
연분홍 보석으로 다듬어지는 일이다

산수유가 있는 바닷가 놀이터에

산수유 알알이 곰삭아 붉은
생각들이 있는 바닷가 놀이터에
밀려온 파도 너울너울 그네를 타고
말캉한 속 달그락달그락 마르기까지

갈피갈피 매달린 기다림은
대여섯 살 여자아이와 시소를 타던
중년을 넘긴 여인의 어깨와 닮아

먼 바다에서 오는 아지랑이처럼
노랗게 익어
버리지 못할 붉은 생각을 매달고
또 피네

빨간 신호, 대기하는 사이

하루를 먹고도 한참 남을 것들을
트렁크에 숨기듯 싣고 신호에 멈췄다
창문으로
접혀 있던 시선이 스르륵 펴지는
보도블록 틈
강아지풀과 고만한 망초대에 앉은
참새
채 여물지도 않은 풋 씨앗을 쪼고 있다
대가 휘도록 매달렸다가 떨어지는
무거운 것의 가벼움이 더 가벼워지는
풀씨, 새를 키우는 밖의 풍경

마트에 갔다가 돌아오는 차에
불필요한 것들이 들어앉은
트렁크가 기울어졌다

쓸쓸한 아름다움에 대하여

바스락거리며 쓸려 다니는
앙상한 소리가 차츰 빛을 잃어 간다

붉어서 아름다운 소리가 노을노을 저무는
이 아름다움이 결국은 소리마저 잠잠해질 때
돌아가는 흔적들의 고요

가을,
이미 떨어진 쓸쓸함에 대하여
저마다의 색으로 살아 낸
어떤
기억되는 것은 남은 자들의 몫

컵

카나리아 야자나무 가시에 손가락을 찔렸다
감각이 없는 손으로 컵을 들다가 놓쳐
손잡이가 세 조각났다

모닝커피를 기분 좋게 마시게 해주던
친구가 만들어 준 오래된 컵
손잡이는 깨졌지만
선반 위 다른 컵들 사이에
공손히 올려놓았다

조각난 손은 잡지 못해도
어깨는 쓰다듬어 줄 수 있는

긴 가시가
너와 나 사이를 찌른 건 아니지만
마음에 스쳐 따끔거린다

이빨 요정

사랑하는 이빨 요정님 안녕하세요
유민이에요
저에게 5000원을 주시면 감사할 것 같아요
유민 올림

송곳니가 빠진 유민이가
이빨 요정에게 쓴 편지와 송곳니를
베개 옆에 두고 잤다

라떼는※ 까치야 까치야
헌 이 가져가고 새 이 다오 외치고
지붕에 던졌는데
아파트 옥상에 던질 수 없으니,
유민이 송곳니는 이빨 요정이 가져갔다

※라떼는: 나 때는

국수, 따뜻한 이야기

봄을 부르는 계란 지단이
개나리꽃으로 올라앉아 있는 국수
모락모락 엉켜 있어도 휘휘 저으면
술술 잘 풀어져서
일백 년 가까이 사신 고모의 남편이
딴살림을 차렸을 적에 낳아 온 미움 덩어리 딸도
휘휘 저어 한 젓가락 잡고
얼굴 한번 보기 힘든 아들 며느리 대신해
구박만 하던 그 딸의 손 빌려 여생을 의지한 것도
휘휘 저어 한 젓가락 잡아
꽁꽁 언 것도 모자라 비어 있는 속에
가닥가닥 하얗게 풀어지면
맛있게 살아갈 수 있는
따뜻한 이야기 한 그릇 비웠다

갯씀바귀 꽃

햇살이 바람에 살살 휘어지는 남애항
양말을 벗고 걷는 발가락 사이로
모래가 따끈하다

사정없이 밀려오는
흰 띠 줄 파도가 구름처럼 흩어지는데
모래밭, 뿌리에서 손잡고 넓혀 가는
갯씀바귀 꽃
싸개에 돌돌 싸여 있다가
풀어진 노란 꽃잎
하늘을 보고 바다를 본다

바다로 번져 나가는
갯씀바귀의 낮은 웃음소리가
무심한 얼굴에 밀려든다

시詩, 버려졌던 시간에

반쯤 열어 놓은 창문으로
혹 들어오는 바람에 고개를 돌린다

한쪽 구석으로 밀어 둔 나이배기 책상에
어긋난 글자들이 프린트된 A4용지
신 시인의 처녀 시집과
여주 박 시인이
한 번 읽어 보라며 건네준 계절호
굳게 닫힌 노트북
다 멈췄다
나중에, 나중에 하면서 쌓여 간 시간

바람은 먼지를 불어 내고
나이배기 책상 앞에 앉는다

영진 해변에서

하늘도 바다도 흐리다
커다란 바위에 자그마한 게들이
소란스럽게 움직이고 있다
가까이 가면 쏜살같이 숨어 버린다

어느 날에 가까이 왔다가
어느 날에는 불현듯 숨어 버리는
행복과도 같이
틈에서 다리만 슬쩍 보이는 집게발처럼
찾겠다고, 찾아보겠다고 기웃거리는

한 마리, 두 마리 잡을 때마다
마음속은 비워지고,
넘치도록 채워지는 푸른빛
구름의 모서리 걸터앉아도 절대
떨어지지 않을 이 가벼움,

마음이 하도 좋아서

제2부

꽃빛 되어 콩국수를 먹는다

범부채, 톱풀, 분꽃이 피었다
예쁜 꽃 보던 내가
꽃빛 되어
콩국수 집에서 너를 만났다
볼 때마다 반갑고
볼 때마다 할 얘기가 많다

진한 콩물에
시시콜콜한 얘기 풀어 놓으면
간이 딱 맞다
마음이 딱 맞다
부드러운 말이 술술 잘 넘어간다

꽃다운 사이
걸쭉한 사이
부드러운 사이사이에
오이채 한두 가닥씩 끼워져 상큼한 사이
우리 콩물처럼 산다

무제

백사장 어디선가
아는 사람이 금방이라도
다가올 것만 같아
두리번거리는
그런 날,

서성이는 노을처럼
붉어 넘치는 감정들을
바다에 던지고
어둠으로 저무는 그런 날이다

지황 꽃 살짝 엿보다가

어깨를 누르는 더위가 한낮이다
골짜기 시원한 카페가 있다고 해서
들을 지나는데
넓은 밭 낯선 꽃이 눈에 들어왔다

꽃대는 대에 가득 채워진 것을
조롱조롱 꽃의 금 따라 번지게 했다
꽃잎 테두리까지는 닿지 않았다
솜털이 가시처럼 소스라쳐 빼곡하다
꽃 금에 번진 시간의 응고

진한 자줏빛이
나팔의 좁은 통로로 올라와 번졌을
흰 꽃잎과
더위를 식히는 나무들이 잎을 뒤집는
골짜기 카페에서
아메리카노 한 잔 숲속 같다

안목 해변에서 너와 내가

맑아서 웃음만 났다
짠 입자들이 얼굴에 붙고
머리를 헝클어 놔도

가자미 물회에 소면 말아
크게 한입, 먹는데
함께여서인지 눈물이 날려고 했다
오늘같이 맛있는 날에

모래밭을 걷고
발을 적시고
원피스 자락이 젖도록
맨발의 너와 나의 하루는
흐린 바다에서 더없이 맑았다

비가 와서

며칠째 내리는 비가 한껏 무겁다
바람이 지나는 골목에 운동화가 철벅이고
쇳소리 나던 대문도 젖어 헐겁다

무작정 집을 나섰다
와이퍼가 쉴 새 없이 비를 밀어내고
음악은 오래전의 나에게로 데려갔다
그때의 정서가 아련하게 그려져
비의 냄새가 가득한 차 안의 나는

어딘지 모르는 국도 카페에 들어갔다
빨갛게 핀 칼랑코에가 놓인 창가에 앉았다
마끼아또의 캐러멜 맛이
무게에 기울었던 마음을 달게 했다

소리가 차분한 기억 속, 비는 왔지만
나를 데리고 한 바퀴 돌아
밝아지고 있다

손금, 꽃으로 색을 입혔으니

전에 갔던 기와집을 지나면서 꽃들이 길이다
손 내밀면 스칠 수 있는,
손바닥을 펴고 느리게 느리게
수레국화 지나
백일홍 지나
과꽃 지나
꽃이 스쳤으니
꽃으로 색을 입혔으니

골고루 색을 지닌
과꽃 지나
백일홍 지나
수레국화 지나
잘 보이지 않아
갈 수 없었던 길도 갈 수 있고
모르고 가다 막다른 길을 만나도
두려움이 없다
손금, 꽃으로 색을 입혔으니

그래 감자

매끈하지 않다
평범하다
속이 하얗다
뿔이 나기도 한다
혼자만 아는 길을 만들기도 한다
흰색 꽃이 피지만 보라색 꽃도 핀다
좋아하는 사람이 많다
감자로 묻혀 감자로 태어나는
그래 감자,

연약하지 않다
호들갑스럽지 않다
마음이 뽀얗다
급하지 않다
혼자 떠나기도 한다
무엇보다 사람이 많다
사람으로 묻혀 사람으로 태어나면 좋을
너는
표현하지 않아도 알아지는 마음을 가졌다

어느 예쁜 날에

구름은 예뻤고 하늘은 은은했다
나무를 긁으면 잎이 움직여
간지럼 타는 배롱나무
꽃은 떨어져 바닥은 말할 수 없이
고운 무늬가 되었다

서원 마루에 걸터앉아 병산을 본다
뒷문에서 들어오는 바람은
중앙 마당으로 내려가 강으로 가고,
병산에서 오는 바람은
만대루를 질러 서원의 열을 식혔다

배롱나무
세계유산 지정
사적 제260호

뜨거운 볕에 숨겨 온
가을 한 조각에 물들어
마음을 찍어 보여 주는 예쁜 날이다

무꽃, 너를 잊고 있는 동안에

처음부터 그럴 생각이 없었다
검은 비닐에 싸인 너를 거기에 둘 때는

얼마 동안은 괜찮을 거라고 생각하면서
희미하게 들어오는 빛은
가능하다는 위안이었다

까마득히 잊혀졌다
몸은 마르다가 물러지는
비닐봉지 속 역한 냄새가
창백한 싹을 틔워 빛이 들어오는 틈으로
내보낸다

겨울 지나 여전히 창백한 그러면서
가늘고 여리게 연한 연보라색 꽃을 피워
한 겹, 한 겹 빛을 입힌다

썩힌 무에서 꽃이 피고
썩힌 속에서, 깊어진다

양파에게

너에게 부대낄 때

단단했던 살이 물러질 때

시큰한 냄새가 새어 나올 때

만지기 전에는 알 수 없을 때

그럼에도 싹이 자랄 때

물컹한 속을 감싸고 있는 껍질에서
깊어지는 주름에서
검은 꽃 피어나 시간을 건너는
오늘 너무 부대끼지 말 것

우리 사이가 씻기는 밤

긴 장마에 나무가 씻기고
기와지붕이 씻기고
어느 것 하나 안 씻기는 게 없다

맑은 날이 없는 너와 나 사이에는
흙탕물이 범람한데
천둥소리 같은 계곡물은 맑기만 하다

수백 년 홍매나무 꽃 피울 이유 있어
이끼마저 싱그러운 무늬가 된다

조용히 비는 내리고
바람도 풍경風磬을 재우는 밤이다

살아가자니 씻기고
맑아지고, 다듬어지고
번거로웠던 세계가 가라앉고
화엄사 각황전
새벽 예불을 알리는 범종 소리가 울린다

가지 하나 꺾어 마음에 꽂았다

무엇도 심을 수 없었다
어떤 이유가 있어서가 아니라
그냥
어둡고, 습하고, 차가웠다

그러다가 특별할 것 없는
풀꽃 같은
햇살의 가지 하나 꺾어
마음에 꽂았을 뿐인데

잎 하나의 기다림과
꽃 하나의 즐거움이 되었다
마음이란 그렇다

환기를 시키다

닫아 놓은 문을 연다
언제든 열 수 있었던 문을 이제야 연다
추워서 닫고, 미세먼지로 닫고

문부터 열고 시작하던 때가 있었다

열었던 문이 언제 닫혔는지,
열어도 되는지
열리기는 하는지
무관심과 서운함에 닫힌 문이었으리라

열지 말아야 할 이유보다
열어야 할 이유가 많아서 열었다

조금은 무겁고 탁했던 것과
가볍고 연한 것이 섞여 가면서 교체된다

새롭다
새롭게 시작되는 새로운 공기가 새롭다

마음이 하도 좋아서

하늘은 바다처럼 푸르고
구름은 구절초 흰 꽃들 같습니다

흰 꽃을 몰고 가는
바람이 하늘하늘합니다

지금은 어디에 있든 다 좋습니다

각도를 잘 잡아서 사진을 찍습니다
하늘 좀 보라고 전송합니다

별이 많이 뜰 거라고,
하늘하늘한 마음도 함께 보냅니다

평화로운 일상

읽고, 소설을 읽거나 에세이를 읽거나
쓰고, 시 습작을 하거나 퇴고를 하거나
보고, 추천받은 영화를 보거나 골라 보거나
떠나고, 짧게 또는 길게 가고 싶은 곳을 가거나

그 외 청소를 하고 빨래를 널고
반찬을 만들고 토마토를 사러 나가기도 한다

약속이 있는 날도 있고 없는 날도 있고
적당히 심심한 날에는 카페에 가서
레모네이드나 아이스아메리카노를
마시기도 한다

비가 오거나 혼자 남겨졌을 때
감자전을 해 먹기도 하고
수제비를 해 먹기도 하는,
나한테 잘해 주는 내가 마음에 든다

꽃의 시간으로

길을 가다가
무리 지어 핀 들꽃 옆에 앉는다

하나하나 한들거리는 꽃
과하지 않아

어지러운 생각이 버려지고
시들한 마음이 얼마나 환해지는지

꽃잎 떨어지고
씨앗 떨어지고
졌다 한들

꽃일 때 아름답고
무리일 때 더 아름다운 들꽃의 시간으로
쉼,

오대산, 노인봉 가는 길

길을 가다 보면
잘못된 선택으로 돌아 나와야 할 때
어렵고 지치고
눈에 띄지 않았던 자신을 달래기도 하고
실망하기도 하고

잘 묶어 두었던 것들이
흐르는 땀으로 쏟아지며 풀려 나갔다

들풀 들꽃, 하물며 커다란 나무도
부대끼며 꺾이고 상처 내며 아문다

이 높은 산의 좁은 오솔길이 아늑하여
허물어 낸 가슴으로 땀을 식힌다

넓지 않은 숲의 색이 그늘이 되고
꽃과 새들이 어우러져 있는 지금은
능선을 걷고 있다

선물

요즘 하늘이 이쁘다고 자주 말하는데
오후와 저녁 사이
햇살과 바람이 스며들고 있다

책과 엽서와
마음을 받아 분홍빛이 되었다

쨍한 파랑과 뭉실 그려져 있는 구름이
서로에게 배경이 되는 것처럼
써가야 할 따뜻한 이야기가
쌓여 가는 중이다

보일러가 고장 났다

어디서부터 시작되었는지 모르겠다
차갑고 으스스한 한기
따뜻한 날을 소환해 보아도
웅크려지는 것은

차가운 것과 따뜻했던 것이
한꺼번에 와서
혼돈이다

너의 온기가 멀어지고
차가운 것에 익숙해지고

보일러가 없어도
따뜻해지기를, 따뜻하기를
이렇게 맑은 날의 공기와 어우러진다

햇살이 색을 입히는 오후

강가의 오후가 멈추었다
어둡게
환하게
아지랑이 같은 색

순간의 바람이 터치하면
일렁이는 색감이
빈, 채움이 된다

색을 입히는 것을
가만히 보다가
무채색이 되어 돌아오는데
햇살 조각들이 강언덕을 넘는다

꽃치자

있잖아
처음 거기 갔을 때 따라다니는 향
뭐냐고 물었을 때
이름은 잊어 먹고 향기만 기억나
그 후 아주 오랜 시간이 지나고
또 지나고, 어느 날
한적한 거리를 걷다가 그 향을 만난 거야
작은 화원에 살고 있더라고
사 왔지
키우기가 힘들어 떡잎 지고 진딧물에
꽃도 안 보여 주더니
고요한 빛깔로
향기마저 치명적이게 마당을 채워 줘
지금 꽃망울이 부풀고 있어
지난해보다 더 많이
향기롭게 쌓여 가는 이야기와
감추어 둔 눈물이 다 괜찮아지는
그래서 좋아 너여서,

제3부 시시콜콜

노을

너의 눈시울이 뜨거워지면
강은 출렁인다

오래도록 앉아 있던 자리가 젖고
망초꽃은 흔들린다

제발 하고 외치던 고통은,
고통 없이 강으로 흐른다

너의 눈시울이 뜨거워지고
강은 붉어진다

길이라고 다 같은 길이 아니듯이

너에게 가는 길을 잃은 건 아니다
나에게 오는 길을 잃은 게 아니듯이

시간이 지나고, 오래도록 지나고
잊힌 듯 지나도

한참을, 바람에 스치는 생각으로
영영이라는 서운한 마음 들지 않게
언제든 갈 수 있게, 볼 수 있게 길을 닦았다

그렇게 이어지는 길로
떠올릴 수 있는 추억이 많아 그리움이 된
너의 소식을 받고 반갑다 못해 감동이었다

아직은 바쁘게 사는 때라서,
할 일 없고 심심할 때 만날 수 있는
그런 사람으로 남아 보자고,
생각하면 기분 좋아지는 그날
서로에게 선물처럼 남아 있기로 했다

그때, 순간을 들었다

오후였어요
라디오에서 봄이 흘러나오는 거예요
봄노래는 아니었어요

그 봄,
목련 같은 하늘이 생각났죠
아련한 저편의 순간이지만 좋네요

어떤 때,
어떤 노래,
어떤 향기가
기억을 불러오기도 하잖아요

노래는 멀어지고 마음은 나서네요
새봄같이 즐거워요

요즘은

아침에 눈뜨면 먼저 마당엘 나가
채송화가 피기 시작했거든
다른 꽃들도 있기는 하지만
채송화는 달라
뭐랄까 보고 있으면 일기예보처럼
즐거울 예정이라고 알려 주는 것 같아
원래는 노랑뿐이었어
어디서 왔는지는 모르겠는데
어느 날 현관 옆에 터를 잡았더라고

빨강과 주홍은
저기 우리 집 들어오는 골목 어귀
옹벽에 살고 있는 것을 옮겨 왔고
분홍은 향교 앞 은행나무 밑에 살고 있는 것을
슬쩍 해온 것이지 아무튼
눈뜨면 마당엘 나가 보면
위아랫니 환하게 다 보이도록 웃는
네 얼굴이 겹쳐져 자꾸 웃어
웃다가 너에게 전화를 해
차 한 잔 하자고,

선재길

낙엽송은 더 높아졌다
하늘은 할 일 없이 푸르다

붉을 때 붉고
은은할 때 은은하고
푸를 때 푸르렀을
함께라는 것이 얼마나 든든한 일인가

물소리에
누구라도 연해지는
바람이 쓰다듬어 주는 길

떨구고, 떨구는 늦가을 단풍길을
하염없이 걷는다 걸으면서
오롯이 들이는,
비워지는 것이 가득해진다

비 오는 날 사진 찍다가

잘 찍어도
대충 찍어도 예쁜 꽃
젖어서
더
요래조래
웃는 날
비에
바람에 스쳐
멈추고 싶은
이대로
끊이지 않는 말
조록조록 흘러가 닿는
우리
오래 봤으면 좋겠다

어느새 이렇게

봄에 심어 놓은 담 밑 오이
이틀에 서너 개씩 따 먹다가
어느새
푸른빛과 누런빛에 어우러져
줄기에 굳건히 매달려 있다
늙혀야 할지
따야 할지
따면 속을 파내야 할지
둬야 할지

큰 잎들은 물들어 가고
새순은 뻗어 꽃이 피는데
이쪽도 저쪽도 아니고,
슬쩍 푸른 쪽으로 기울었다가
잘 늙어 이름 하나 붙여지면 좋겠다
노각 너처럼

망상 해변에서 가을을 만나다

발자국 남겨진 모래밭에
먼 바다에서 오고, 오는 파도가
구름을 모시 치마처럼 펼쳐 놓았다
물에서 노는 사람보다
빈백에 누워 햇살과 바람과 소리에
집중하는 사람들
하늘과 구름 그리고 바다
물드는 나무가 있다거나
들국화가 피어 있는 것도 아니다

온전히 고요에 들어
움직이는 모든 것이 멈추어 버린
망상 해변에는
팽팽했던 햇살을 느슨하게 해주는
얇은 바람이, 가을이다

산 아래 남한강은 흐르고
―산 카페

손 뻗으면 구름이 만져질 것 같다
대충 그려도 그림이 되는
산,
패러글라이딩 알록달록 떠다니고
빵을 뜯어먹던 조잘조잘 참새 아가씨
연신 행복해, 행복해라고 하는
그 말이 높이 날아올라 파란 하늘을 품는다

시시콜콜

가깝다는 것은 어떤 말이든 다 할 수 있어야 해
좋은 얘기는 좋아서
나쁜 얘기는 사이사이 넣으면서

서로의 가슴이 되어 주는 것은
시시콜콜한 얘기에서 나온다고 봐

말이 날까
약점 될까 하는 의심은 안 하는 게 좋아

꺼내고 싶어도 차마 꺼내지 못하는 것도 있겠지
그런 것은 숙성시키면 돼
비밀이 아니거든

시시콜콜한 말이 다 수용되는
그런 친구 하나쯤 마음에 두자는 말이지

우리가 서로를 모를 때

어쩌다가 한마디 말이 오고 가는
그것뿐
아무것도 아니었다 우리는
관심 밖이었다

파도가 무심히 오는 것과
바람이 스치고 지나가는 것과 같다
모를 때는

이야기가 생기고
나무가 자라고
꽃을 심고
우리가 서로를 알아가는 때

안개 스미듯
촘촘하게 또는 느슨하게
풀 한 포기 자라고
그 풀에서 작은 꽃 하나 피기 시작했다

해운대에서

바다가 보이는 창가에
파도가 밀려와 안부를 묻는다

아침의 사람들은 걷고, 뛰고
몇몇은 파도타기를 한다

가끔 안부를 물어주던 그 사람
파도 때문에 궁금해졌다
노을이라는 이름의 아이도

전화해 봐야지 했다가
잘 있겠거니 하면서
있는 번호로 연락을 하기는 했나
무심했던 여유가 살갑다

취미를 찾고 있습니다

등산을 자주 갑니다
푸른 숲과 능선을 걷는 것이 좋습니다
여행도 뒤처지지 않게 다닙니다
갔던 곳도 좋고
처음 가는 곳도 신선한 공기 같습니다

서서히 느껴집니다
다리가 삐걱거리고
장거리 운전이 힘들어질 때
할 수 있는 것을 찾고 있습니다

이른 봄, 뒷산 스크린 골프장에
몸통만 이사 온 고목이
새로운 가지로 그늘을 만들었습니다

멈추려고 하는 것은
스스로 늙히는 것과 같습니다
푸른 어른이고 싶습니다

상념의 시간이 지나고

비가 오는 날은
경계 없이 찾아온다 저녁은

넘치는 감정들로
소리를 넓히는 비

채워졌다 지워지는
생각의 잔상들은 밤의 안개가 된다

쓸려 버린 감정과
되돌릴 수 없는 시간은
헌것과 새것이 맞물리는 시점
아침이 새순의 첫 잎처럼 말갛다

깻잎지

같은 색으로 푸르렀던 여름 지나
다투어 익어 가는
뒷산
쑥부쟁이가 가을에 걸렸다

구름은 하늘보다 선명해서
금방이라도 빨랫줄에 널어지는
맑은 날

너에게서 슴슴한 빛깔로
한 장 한 장 넘겨지며 익어
어니에도 잘 이울렀다

가을보다도
쑥부쟁이보다도 더 살찌게 하는
마음으로 온 단풍깻잎

핸드폰을 바꾸다

수천 장의 습자지 묶음 같은 사진을
옮기지 않았다

저장 공간 부족이란 문구에
약한 기억을 지우고 풍문으로 날아온
남의 이야기도 지우고 공간 확보를 했는데

오래도록 기억하고 싶은 것들이
내 머릿속에서도 뚝뚝 잘려 나가고
소소한 일상은 행복할 새도 없이
지워지고 있다
삭제를 원한 것도 아닌데

아무것도 옮겨 오지 않았다
텅 빈 집
대문에 걸린 첫 꽃
동백의 붉은 그림자 사이로 이는 바람
저장 공간 확보

바다로 가득하여

흐린 바람 불어와
창문을 두드리듯 흔들면
파도의 비릿한 냄새가
틈으로 들어오는 것 같다

창문을 열기 전에는
밖은 온통 바다로 가득하여
흐트러진 햇살이 간혹
부스스한 방을 지나는데

겨운 눈을 반쯤 떴다가 감기는
섬,
방 속 섬이었다

왕꽃기린

직장 동료가
꽃기린을 두 번이나
분양 받아 죽였다고
미안해서 하나 사서 키우는데
떡잎 진다고 하소연하는 것을 보면서,
미처 들여놓지 못해 얼려 죽인
꽃기린을 생각했다

오늘 들꽃님이
왕꽃기린 있냐고 물어온다
이게 무슨 일이지,
빨간 꽃이 탐스러운 사진을 보내왔다

―핑크랑 하나씩 줄게요

생각지도 않았던 일이
하얀 화분에 나누어 심겼다
꽃은 이미 핑크빛, 붉게 피어나고
기다림이 시작되었다

내가 알아줄게

상처 난 꽃잎
상처 난 풀 그리고

너,

꽃에서는 꽃향기가
풀에서는 풀향기가

너에게서는 잘 견딘 향기가 난다

엄마가 사는 집에 가고 싶다

꽃들 마음껏 피어 있는
한가로운 마당이
엄마가 사는 집 같다

볕 좋고 고요한 날이면
이불 홑청 널린 집에 가고 싶다
마당가 꽃이 볕에 겨운 집

흘러가는 구름도 바라보고
지그시 감기는 눈 까무룩 잠들기도 하고
그저 느리게 흘러가는
엄마가 사는 집에 가고 싶다

톱풀

그냥 스치듯 볼 것을
잎 위에 총총 모여 보석으로 빛나도
네 앞에
쪼그리고 앉지 말았어야 했다

햇살은 바스락바스락 쏟아지고
빨랫줄에 널린 이불도 맑고 보송한데
무엇이라도 잘라야 하는 이름
무엇 하나 자를 수 없는 톱, 풀꽃이
공연히 슬프다

어린 순일 때
꽃이 피면 자잘하지만 볼만하다고
분양해 준 그 언니네 뜰에도
날이 무딘 이름만 톱, 풀꽃이 피어
나처럼 무딘 꽃날에 베어 공연히
슬퍼하고 있을까

제4부

카페, 우호적 무관심

새싹

 낡은 옹벽, 초가을 햇살이 슬며시 넘어갈 때 줄무늬 원피스 자락을 왼손으로 잡고 아이는 돌을 찾고 있다 하트 돌이라고 가져왔고 반짝거린다고 가져왔고 동글동글하다고 가져왔다 그리고 살금살금 옹벽 아래로 간다 무슨 신기한 것이라도 찾았는지 두 손 내밀어 급하게 뛰어왔다

　—할머니 싹, 싹이에요
　—예쁘죠
　—싹은 어쩌면 꽃을 피우는 건데…
　—저는 싹이 좋아요
　—할머니도 싹이 좋죠
　—이거 할머니 마당에 꽂아 놓으면 나중에 꽃이 필지도 몰라요

 꽃받침 같은 잎 두 개의 싹을 들고 대답할 틈도 없이 조잘거리는 싹, 제법 괜찮아 보이는 싹이 잘 자라고 있는 싹싹하기도 한 여섯 살 유리, 창송이 흐뭇하게 웃는 사인암, 운계천 물이 맑게 흐른다

어쩌다가 집에 있는 날에는

작은 화단의 꽃들과 모여든 햇살이
얼마나 속닥거리는지
연신 귀를 쫑긋거리며
엿듣는 강아지 까미가
마루 한쪽에 자리를 잡네

사르륵 부는 바람에 나도
가벼이 흐르는
동글동글 양떼구름처럼
아무것도 하지 않아도 좋네
그냥 좋네

별빛마을에 사는 별

그 별은
뭇별 쉬어 갈 때
왜 빛나는지 모를 때

더 빛나
유독 빛나
누구나 알아본다

오후의 풍경

여물었을까 거기 꽃씨가,
졸졸 흐르는 물에 가을이 스몄을까
머뭇거리며 내려앉는 오후가
뚜렷해진다

가꾸지 않아도 가꾸어 놓은 계절이 바뀌고
내가 가꾸어 놓은 것들은 다 떠나고

나른하고
따뜻하고
쓸쓸하고
제법 괜찮기도 한
나의 오후가 풍경이 된다

가을 타나 봐요

진하지도 연하지도 않은
풀어진 하늘이 마음에 들어요
바람의 색이 물드는 은행나무와
담벼락 나팔꽃이 오후를 쉬고 있어요
햇살과 놀던 고양이가
대문 틈으로 밖을 살펴요

어디론가 가고 싶어져요
조금은 바스락거리는 소리가
내놓으면 부서질 것도 같거든요
드라이브라도 다녀와야 할까 봐요
터미널에 가서 버스를 타도 좋겠죠

그래요 벌써 이러니
깊어지면 가슴은 요란할 거예요
가을이잖아요

우산을 펴지 않는다

큰 우산은 비 올 때 쓰라고
작은 우산은 좋은 거니까 쓸 만하다고
더울 때 써도 되는 이쁜 우산을

젖지 말라고
마음을 챙겨 주는 사람들

그런 우산을 한 번도 펴지 않았다
우산을 펴지 않아도 젖지 않는다

장맛비에 쫄딱 젖어도
웃을 수 있는,
비는 더 이상의 비가 아니다

딸, 하나의 계절

꽃이나
단풍이나
도드라지지 않는다

너의 계절과 나의 계절이 다르지만
지나와야 하고, 지나왔으므로

요즘,
우리가 만드는 계절은 1+1
하나의 계절이 된다

레시피처럼

잘 말린 무말랭이
조물조물 씻어 불리면 달큰한 냄새가 난다

무 빛깔 닮은 쪽파를 듬성듬성 자르고
다진 마늘, 생강, 진간장,
물엿, 통깨, 고춧가루와
바다를 누비다가 절여 온 멸치액과
잘 익은 노을빛 오미자 효소로
걸쭉한 양념을 만든다

불린 무말랭이를 넣고 휘적휘적 버무리면
맛있는 냄새가 난다
바로 먹을 거면 진미채를 넣어도 좋다

재료가 양념이 되고
양념이 재료가 되는
모나지 않는 맛, 잘 어우러졌다

꽃밭의 경계

가꾸어 주지 않을 때
꽃은 풀

말, 말, 말,
풀은 꽃

풀씨 꽃씨
희번덕거리며
내 자리 네 자리 선을 넘는다

웃자란 것은 자른다
캐낼 것은 캐낸다

가꾸어 줄 때
풀도 꽃으로 살고
꽃은 더 꽃으로 산다

겨울 지나 봄을 복용하다

오지게 엎어졌다
순간이다
뭔가에 걸린 것 같은데
바람이다
바람 말고는 걸릴 게 없는 곳이다

손을 짚을 사이도 없이
이마와 입으로 한판 붙었는데
무슨 일이 일어났는지 머리가 깨진 것 같다
입은 얼얼하다 이런
앞니가 없어졌네

설을 앞둔 추위에 꽁꽁 얼어 버렸다
뇌에 출혈을 말려야 한다
얼굴에는 감자 누룽지가 덕지덕지하다

퇴원하고도 치료는 계속되었다
찢어진 입안이 낫고
누룽지가 하나 둘 벗겨지고

앞니가 메꿔지고, 겨울이 다 갔네

봄이 처방되었다
색색의 알약들이 온몸에 퍼진다

가면 되지

꽃무릇 피면 불갑사에 가야지
기다리다가 때를 놓치고

꽃무릇 피면 선운사에 가야지
또 때를 놓치고

이제나 저제나 기다리지 말고
이리 재고 저리 재고 재지만 말고

꽃 없으면 어때 그냥 가면 되지
갔다가
또 가면 되지

그래서 꽃무릇, 상사화지

잠 못 자는 나에게

봐봐 또 잠 못 잤지
눈은 충혈되고 개운하지가 않잖아
긴 밤 뜬눈으로 건넜으니 비몽사몽이지
나가 보자 어디든
커피 마시고 싶지
디카페인 테이크아웃 하자
한 모금씩 마시면서 걷는 거야

느껴 봐 푸른 바람과 따끈한 햇살
실눈 뜨고 하늘 좀 봐 좋잖아
집에 갈 때 마트에 들르자
바나나랑 딸기 좀 사게

된장찌개 끓여 저녁 맛있게 먹고
영화도 한 편 봐,
좋아하는 딸기랑 바나나 든든하게 먹어
일찍 재울 거야

잘 잤지!

가을이라서 좋다

무와 가지, 호박을 썰어 널고
바람이 고루 스며든 볕으로
밑간을 한다

어떤 양념에도 잘 어울리는
수분을 날린 나이
가을, 참 좋다

마음의 빈터

늘어진 잎사귀와 그늘의 빈자리가
바람에 흔들리는 그네 같다

길어지는 그림자만큼 넓어지는 빈터
대문을 나선다

종이 인형 같은 사람들
장난감 자동차가 멈춰 있는 도로
건물만 가볍게 그려져 있는 도서관

지금은 어디에도 텅 비었다

다만
늘어진 생각을 버리고
구겨진 종이 뭉치도 버리고

버릴 게 하나 없는 햇살이
올올 박히고 있다

바람 바람

너에게서 불어오는 바람을
그저
산복숭아꽃 피우는 좋은 날씨라고만 생각했다

울렁거리는 유혹인 줄 몰랐다

가벼워지고 있는 날들
멈출 줄 모르고
밖의 꽃들 찾아서 다니다가

마당 한쪽 돌단풍
화단에 앵초
현관 옆 장미조팝
담 밑에 멋대로 피어 있는 제비꽃
햇살 구경에 정신없는
집의 꽃들
바람난 주인을 잡아 놓기에 충분했다

백련사, 붉은 꽃길에서

떨어진 꽃 몇 송이 손에 올려놓고
울었다 너는
가슴이 꽉 막혀서라고 했다
왜인지는 모른다고 했다

눈물이
숨 쉴 공간 없이 차올라
흐느낌으로 토해 내는 동백 같은 것
핏빛 잘박거리며 지나온 아픔 같은 것
건들지 않아도 터져 나오는 서러움 같은 것

만경다설, 투박한 찻잔에
풍경 소리마저 붉어지는
동백 숲, 꽃길에서 너는 울었다

카페, 우호적 무관심

송정, 해변 열차를 타고 가는데
하얀 카페가 눈에 들어왔다

돌아오는 길에 카페 앞에서 내렸다
비가 그치고 바람이 불었다

이름하고 닮은 카페 주인은
조용한 목소리로 주문을 받았다

호야꽃 피어 있는
이층 창가에 자리를 잡았다
바다는 나무랄 데 없이 파랗고
구름은 둥둥 부서졌다

그래,
무심히 불어 주는 바람이 비가 되고
젖었던 해변 열차가 햇볕에 빛나고
아이스아메리카노와 호야꽃은
말하고 싶은데 침묵을 지키고

다르다
나와 다르다는 것을 알았을 때
달라지기를 바라는 이기적 관심이었다

떨어지는 소리

바닥에서 일어났다
새벽 산, 작은 소리도 크게 들린다

밤새 맺힌 물방울
나뭇잎을 떨어뜨리고
바람보다 먼저 도토리가 떨어졌다

떨어지고
떨어지고
떨어지고
매몰차게 올라갈 엄두도 못 내게

도토리처럼 무겁게
나뭇잎처럼 가볍게
안개가 모여 물방울로 떨어지는 바닥

바닥에서 바닥으로 산다
어쩌면 완성되어 떨어진 것이기에

이제 알겠네

티브이에서 장사익 노래가 흘러나오고 있었다
순간적으로 흑백 사진이 지나갔다

빛이 바랬다는 것이 이런 것이었나

타박타박 먼지 나는 길가
나무는 잎을 뒤집어 가며 먼지를 털고
땟국물 흐른 자국 위로 천진한 웃음이
골진 주름 사이로 새어 난다

추억이 바래지면 깊은 그리움이 되는 것을
다시는 만져 볼 수도 없는 사람
먼 길 돌아가면 만날 수 있으려나

먼지 나던 길은 흔적 없다
집으로 가던 길은 아스팔트가 깔리고
달라져서, 흐려지는 것을
멀리 오면 다
그리움이 된다는 것을 이제 알겠네

아득한 곳에서부터

맑았다가 흐려져 아득해지는,
아득한 곳에서
불어와
쉴 새 없이 겹겹 쌓이는
너를
하루만이라도
뼈마디 마디에 숨기고
아득한 곳으로 돌아가고 싶다

집착

전화를 걸었다
전화를 받지 않는다
번호가 찍혔을 텐데 연락이 없다

전화를 걸었다
긴 신호음에도 받지 않는다
번호가 찍혔을 텐데 연락이 없다

전화를 걸었다
지난번에도, 지난번에도
번호가 찍혔을 텐데 연락이 없다

핑계에 핑계를 더하다가
잊혀지는 부재중 전화가 되는,
완성되지 않은
미완의 간격 사이에 있다

가시

가깝게 살지만 자주 못 보는 너와
생선구이를 먹으러 갔다
나는 고등어
너는 갈치

가시를 발라 밥에 올려 주며
눈이 맞아 웃는다

가시가 시간에 녹아
행산을 만들기도 한다
뼈와 살의 자리
물길 같은 흔적은 흔적일 뿐

너는 나를 찌르고
나는 너를 찔렀던 날들 있었지만
목에 걸리지 않게 잔가시 발라 준다

해설

이의해 시인의 시 세계

해설

순수 서정 너머 고향 회복의 꿈
―이의해 시인의 시 세계

기청 | 시인·문예비평

 자연은 서정시에서 다양한 역할을 한다. 시의 이미지를 그리는 배경이나 소재로, 혹은 시인의 감정이나 내면의식을 투영하는 중요한 매개체로 작용한다. 또한 성찰의 대상이 되어 시적 화자의 정서를 환기시켜 준다. 이처럼 시와 자연의 관계는 멀리 아리스토텔레스에 기원을 두기도 한다. 그는 『시학』에서 시는 '자연의 모방'이란 말을 남겼다. 그만큼 불가분의 관계란 의미로 해석된다.
 주요 자연주의 영미 시인으로 미국의 프로스트Robert Frost와 영국의 윌리엄 워즈워스William Wordsworth가 대표적이다. 전자는 자연의 객관적 묘사와 인간의 삶에 대한 성찰을 담고 있다. 후자는 자연을 숭고하고 신성한 존재로 여기며 인간의 정서와 교감하는 영적 매체로 인식하였다.

 이처럼 자연과 서정시의 관계는 자연을 시적 화자가 어떤 관점에서 바라보는가에 따라 각기 다르다. 그것은 첫째, 대화자의 관점이다. 대등한 관계로 서로 교감하고 대화하거나 화자의 객관적 상관물로 인식한다. 둘째, 존재론적 초월적 경향은 자연을 인간 존재의 근원, 신화 원형의 모태로 인식하는 관점이다. 셋째, 생태적 접근은 인간과 자연의 조화로운 공존을 모색하는 접근으로 현대시에서 그 비중이 점차로 증가하는 추세다.

 그리고 전통적 경향의 서정시에서 자연은 주로 인간의 감정을 드러내는 도구로 인식되었다. 현대 서정시에 와서는 인간 존재의 실존적 탐구와 무한의 상상력을 발휘하는 공간 배경으로 확대되고 있다. 이처럼 서정시와 자연의 관계를 먼저 개괄적으로 탐색하는 것은 이번에 발간되는 이의해 시집을 좀 더 폭넓게 이해하기 위한 기본적 전제임을 밝혀 둔다.

 이 시집의 저자이자 이 시집이 그려낸 소우주의 창조자인 이의해 시인은 강원도 영월 출생으로 수려한 자연 속에서 태어났다. 그리고 2011년 월간 《모던포엠》 추천으로 등단하였다. 이후 한국문인협회 회원,

제천·여주문인협회를 거쳐 의림지애문학 초대회장이며 첫 시집 『너의 언어들』을 간행하였다.

 이의해 시집 원고를 탐독하면서 우선 오염되지 않은 순수 모국어의 면면을 보여 준다는 의미에서 모처럼 서정시의 새로운 발견이 주는 즐거움과 마주할 수 있었다.

 출생에서부터 생의 대부분을 관통하는 그의 삶과 자연, 시의 주제 또한 자연스런 귀결이라 할 수 있다. 시점은 대화자 혹은 전지적 시점으로 평어체의 사색적 어조가 주조를 이룬다. 특징으로는 첫째, 자연은 화자의 사색 또는 사유의 공간으로 존재한다. 둘째, 꽃은 시의 재료이고 시는 꽃을 은유하며 화자의 객관적 상관물이 되기도 한다. 셋째, 자연은 화자의 고향 회복 혹은 치유의 공간이다. 넷째, 자연은 사람과의 관계를 은유하며 정서적 균형을 회복하는 매체로 작용하기도 한다. 다섯째, 어설픈 수사 기교나 생소한 시어詩語 사용을 배제함으로써 순수 서정의 회복을 실현한다는 점에서 상응하는 독자의 반응을 예견하는 것이다.

1. 순수 서정과 모성 지향

현대 서정시에서 자연은 시인의 내면세계와 삶의

의미를 탐구하는 매개체가 된다.

  자연을 통해 시인은 자신의 감정을 표현하고 존재론적 성찰을 하며 자연 속에서 인간관계의 성찰과 원형 심상으로서의 고향 회복을 꿈꾸는 계기가 된다.

    길을 가다가
    무리 지어 핀 들꽃 옆에 앉는다

    하나하나 한들거리는 꽃
    과하지 않아

    어지러운 생각이 버려지고
    시들한 마음이 얼마나 환해지는지
                   —①〈꽃의 시간으로〉 일부

    꽃들 마음껏 피어 있는
    한가로운 마당이
    엄마가 사는 집 같다

    볕 좋고 고요한 날이면
    이불 홑청 널린 집에 가고 싶다
    마당가 꽃이 볕에 겨운 집
              —②〈엄마가 사는 집에 가고 싶다〉 일부

제시된 두 작품 모두 단아한 서정시의 전형이다. 어려운 말이나 애써 기교를 부린 흔적은 보이질 않는다. 마치 들꽃의 순수한 모습 그대로 화자의 감정을 담담히 진술하고 있을 뿐이다. 시 ①은 길가의 '들꽃'을 보며 자연과 동화同化된다. "과하지 않아"에서 자연과 인간의 대비가 느껴진다. 혼탁한 인간의 시간은 너무 과한, 지나친 것 때문에 문제가 생긴다. 상처받고 우울해지기도 하지만, 자연의 "과하지 않은" 흔들림은 삶의 리듬을 회복시켜 준다. 그래서 마음이 밝아지는 것이다. 자연과 인간의 대비라는 감각적 성찰을 통해 삶의 균형을 회복하려는 의지를 보인다.

시 ②는 자연 속의 집을 통해 잃어버린 고향의 순수, 혹은 모성의 근원으로 회귀하려는 원형 심상을 보여 준다.

'꽃밭' '한가로운 마당'은 고향 집을 떠올리는 필요조건이 된다. 거기에다 "이불 홑청 널린 집"(사람의 온기) "꽃이 볕에 겨운"(자연의 온기) 그런 포근한 '고향 집'은 '엄마가 사는' 집이다. 그곳은 안식과 느림과 게으름이 허용되는 유일의 공간이다. 인간은 모태(근원)에서 태어나고 알 수 없는 곳으로 흘러간다. 이런 분리감이 무의식에 도사린 것, 불안과 혼란의 근본 원인이다. 하지만 자연과의 교감을 통해 고향(모성) 회복의 꿈을 실현하려는 것이다.

2. 동통洞痛의 연민

자연이란 대상을 통해 동통疼痛의 연민을 느끼기도 한다. 자연과의 동일화를 통해 아픔(상처)을 공유하고 극복 과정을 객관화함으로써 셀프 치유의 가능성을 제시한다.

이는 현대 서정시의 주요한 역할로 주목해야 할 과제 중 하나이다.

　상처 난 꽃잎
　상처 난 풀 그리고

　너,

　꽃에서는 꽃향기가
　풀에서는 풀향기가

　너에게서는 잘 견딘 향기가 난다
　　　　　　　—①〈내가 알아줄게〉 전문

　그냥 스치듯 볼 것을
　잎 위에 총총 모여 보석으로 빛나도
　네 앞에

쪼그리고 앉지 말았어야 했다

(중략)

어린 순일 때

꽃이 피면 자잘하지만 볼만하다고

분양해 준 그 언니네 뜰에도

날이 무딘 이름만 톱, 풀꽃이 피어

나처럼 무딘 꽃날에 베어 공연히

슬퍼하고 있을까

―②〈톱풀〉일부

  예시 ①, ② 모두 화자의 객관적 상관물을 통해 자기 동일화를 시도하는 작품이다. 시 ①에서는 '꽃잎' '풀' 그리고 '너'라는 대상이 제시된다. 둘은 자연이고 하나는 인간이지만 대등한 관계로 제시된다. '너'는 누구일까? 특정의 대상일 수도 있지만 화자의 정서적 상관물이기도 하다. 셋의 공통점은 '상처'를 입은 피해자이지만 자신의 정체성(향기)을 잘 지켜낸 의지의 상징이다. "너에게서는 잘 견딘 향기가 난다"에서 상처를 향기로 승화시키는 언어 자체의 힘, 그 순수성이 돋보인다.

  시 ②에서 각 연의 중심적 정서는 후회(엉뚱한 발상)-슬픔(현실의 괴리)-회상(동질감)의 순으로 연쇄적으로 일어난다. 풀꽃의 이름(톱풀)에서 유추한

엉뚱한 발상이 현실 사회의 모순을 들추는 해학적인 소재가 되어 흥미롭다. 가혹한 현실에서 상처를 입는 쪽은 언제나 약자다. "나처럼 무딘 꽃날에 베어" 공연히 슬퍼하고 있을 '언니'에게 동통의 연민을 느끼는 것이다. 자연(풀꽃)에 대한 섬세한 감각적 성찰을 통해 셀프 치유의 길을 열어 주고 있다. 이 점은 현대 서정시의 주요 역할로 주목받을 만한 것이다.

3. 혈육, 근원의 생명

혈육의 정은 그침이 없다. 무한대로 흐르는 본성 자체의 생명력이기 때문이다. 위로도 그렇지만 더욱이 아래로 향할 때 그 힘은 더 강렬하고 그칠 줄 모른다.
그것은 후회와 아쉬움 때문, 하지만 가까울수록 적절한 절제와 휴지休止도 필요할 것이다.

꽃이나
단풍이나
도드라지지 않는다

너의 계절과 나의 계절이 다르지만
지나와야 하고, 지나왔으므로

요즘,

우리가 만드는 계절은 1+1

하나의 계절이 된다

—①〈딸, 하나의 계절〉 전문

낡은 옹벽, 초가을 햇살이 슬며시 넘어갈 때 줄무늬 원피스 자락을 왼손으로 잡고 아이는 돌을 찾고 있다 하트 돌이라고 가져왔고 반짝거린다고 가져왔고 동글동글하다고 가져왔다 그리고 살금살금 옹벽 아래로 간다 무슨 신기한 것이라도 찾았는지 두 손 내밀어 급하게 뛰어왔다

—할머니 싹, 싹이에요

(중략)

꽃받침 같은 잎 두 개의 싹을 들고 대답할 틈도 없이 조잘거리는 싹, 제법 괜찮아 보이는 싹이 잘 자라고 있는 싹싹하기도 한 여섯 살 유리, 창송이 흐뭇하게 웃는 사인암, 운계천 물이 맑게 흐른다

—②〈새싹〉 일부

예시 ①, ② 모두 '혈육의 정'을 그린 것이다. 예시 ①은 딸과의, ②는 손녀와의 관계 설정이 암묵적으로 드러난다. 예시 ①에서 '꽃'과 '단풍'으로 은유된 딸과 화자의 관계가 계절인 봄과 가을로 대비되면서

'지나온 계절(과거)'과 '살아야 할(미래)' 시간으로 설정하고 있다. 성찰을 통한 객관적이고 절제된 사유의 결과인 것이다.

예시 ②는 여섯 살 유리, 손녀의 귀여운 말과 몸짓을 통해 생생하게 드러난다. 산문적 형식으로 시의 자연스런 흐름을 살리고 있다. 호기심 많은 어린 손녀의 눈에는 있는 그대로 모두가 신기한 것이다. 어린 부처(?)의 눈을 통해 드러나는 세상은 그대로 화엄 세계의 모습, 화자는 손녀의 눈을 통해 자신을 정화하는 계기가 되고 있다.

4. 비움 그리고 각성

살면서 때로 자신을 돌아보는 계기가 온다. 시를 쓸 때 더욱 그런 기회가 주어진다.

시는 시인 혹은 시적 화자인 자신을 거울에 비춰 보고 존재의 의미와 삶의 진정한 가치를 깨닫게 한다. 시인은 글을 통해 본성에 다가가는 외로운 구도자인 것이다.

늘어진 잎사귀와 그늘의 빈자리가
바람에 흔들리는 그네 같다

길어지는 그림자만큼 넓어지는 빈터
대문을 나선다

종이 인형 같은 사람들
장난감 자동차가 멈춰 있는 도로
건물만 가볍게 그려져 있는 도서관

지금은 어디에도 텅 비었다
　　　　　　　　　　―①〈마음의 빈터〉 일부

눈물이
숨 쉴 공간 없이 차올라
흐느낌으로 토해 내는 동백 같은 것
핏빛 잘박거리며 지나온 아픔 같은 것
건들지 않아도 터져 나오는 서러움 같은 것

만경다설, 투박한 찻잔에
풍경 소리마저 붉어지는
동백 숲, 꽃길에서 너는 울었다
　　　　　　　　―②〈백련사, 붉은 꽃길에서〉 일부

　예시 ①, ②는 자신의 성찰을 통해 새로운 각성을 가져오는 계기가 되고 있다.

살면서 갑자기 세상이 텅 비어 버린 느낌이 들 때가 있다. 이유도 없이 눈물이 솟아나고 그칠 줄 모르는 그런 때가 있다. 본성에 가까워지고 있다는 소식이다. 나를 멈추고 비워 내는 과정을 통해 깊은 내면의 정화가 이루어진다.

"길어지는 그림자만큼 넓어지는 빈터"에서 내면의식의 확장이, 그런 다음 세상은 장난감처럼 작아 보이고 무상하게 느껴진다. 마음을 비우는 것에서 근원의 충만으로 가는 길이 보인다.

예시 ②는 '동백'을 떠올리면서 자신의 지나온 아픔을 공유한다.

"투박한 찻잔에/ 풍경 소리마저 붉어지는"에서 공감각적 심상(소리의 시각화)이 시의 품격과 공감의 폭을 넓히고 있다.

이상으로 이의해 시인 특유의 섬세한 감각적 서정시를 감상해 보았다. 현대 서정시의 문제는 '감정의 과잉'이란 함정에 빠지는 것이다. 절제와 생략을 통해 이 문제를 극복하면서도 우리말 모국어의 순수성을 잘 살려낸 무공해 서정시의 면면을 보여 주었다.

그만큼 눈 밝은 독자의 시선을 끌기에 손색이 없다는 것이다.

이의해 시인은 이번 시집 발간을 통해 혼탁하고 어

지러운 세상에 순수 서정의 맑은 향기를 널리 발하기를, 그의 정신세계가 더욱 깊어지는 계기가 되기를 바라 마지 않는다. *

마음이
　하도
　　좋아서

발행 l 2025년 10월 30일
지은이 l 이의해
펴낸이 l 김명덕
펴낸곳 l 한강출판사
홈페이지 l www.mhspace.co.kr
등록 l 1988년 1월 15일(제8-39호)
주소 l 서울특별시 종로구 삼일대로 457, 501호(경운동)
전화 02-735-4257, 734-4283　팩스 02-739-4285

값　12,000원

ISBN 978-89-5794-599-5 04810
　　　978-89-88440-00-1 (세트)

※잘못된 책은 바꾸어 드립니다.
※저자와의 협약에 의해 인지는 생략합니다.